Nina Cradibouille et la robe *formimaléfique*

écrit par Sophie Dieuaide
illustré par Monike Czarnecki

épigones

Ce soir, Nina n'est pas contente d'elle :

– Comment me trouvez-vous ?

– Bof... répond Cousine Miette.

– Bof... répond le miroir magique.

Cousine Miette propose de lui prêter sa plus belle robe.

– Non, non, refuse Nina.
Je voudrais quelque chose de vraiment extraordinaire.

Les petites sorcières se précipitent dans le coffre à tissus de Maman Cradibouille.

Toute la nuit, elles coupent, cousent, recoupent et recousent.

Nina essaie enfin sa nouvelle robe.
– Il y a un truc qui cloche ! rigole le miroir magique.

Cousine Miette réfléchit :
– Mmmm... C'est peut-être ton chapeau ?

– Et maintenant ? s'inquiète Nina. Comment me trouves-tu ?

– C’est... c’est archimoche ! dit Cousine Miette.

Elles se plongent vite
dans le grimoire de Maman
Cradibouille.

– J'ai trouvé ! crie Cousine Miette.

Nina est ravie :
– Formimaléfic ! Lucifer ! Cours chercher Maman Cradibouille !

ntibus

Maman Cradibouille proteste :
– J'ai des potions à finir, moi !
Pfff... j'arrive, j'arrive !

– Aloooors ? chantonne Nina. C’est qui, c’est qui, la plus belle des sorcières de la galaxie ?

Ninaaaaa!

Dans la série Minimôme

SACHA • *S. Levy-Kuentz / I. Carrier*
Sacha le chat (1)
Sacha et le cerf-volant (2)
Sacha en bateau (3)
Sacha.
Sacha.
Sacha.

TITO
Titoine
Les dr
Titoine
Titoine
Titoine
Titoine
Titoine
Titoine
Titoine
Titoine

LOLA
Lola la
Lola e
Lola c
Lola. I
Lola. I
Lola. A

BOUL
Le noë
Bouli
Bravo
Bouli.
Bouli.
Bouli.
Bouli.

FOUF
Foufou
Foufou